BEI GRIN MACHT SICH IHR WISSEN BEZAHLT

- Wir veröffentlichen Ihre Hausarbeit, Bachelor- und Masterarbeit

- Ihr eigenes eBook und Buch - weltweit in allen wichtigen Shops

- Verdienen Sie an jedem Verkauf

Jetzt bei www.GRIN.com hochladen und kostenlos publizieren

Bibliografische Information der Deutschen Nationalbibliothek:

Die Deutsche Bibliothek verzeichnet diese Publikation in der Deutschen National-
bibliografie; detaillierte bibliografische Daten sind im Internet über http://dnb.d-
nb.de/ abrufbar.

Impressum:

Copyright © 2019 GRIN Verlag
Druck und Bindung: Books on Demand GmbH, Norderstedt Germany
ISBN: 9783668928084

Dieses Buch bei GRIN:

https://www.grin.com/document/468284

Julian Springer

KI und die Auswirkungen neuer Endgeräte auf unseren Alltag unter dem Aspekt des ubiquitären Computing

GRIN Verlag

GRIN - Your knowledge has value

Der GRIN Verlag publiziert seit 1998 wissenschaftliche Arbeiten von Studenten, Hochschullehrern und anderen Akademikern als eBook und gedrucktes Buch. Die Verlagswebsite www.grin.com ist die ideale Plattform zur Veröffentlichung von Hausarbeiten, Abschlussarbeiten, wissenschaftlichen Aufsätzen, Dissertationen und Fachbüchern.

Besuchen Sie uns im Internet:

http://www.grin.com/

http://www.facebook.com/grincom

http://www.twitter.com/grin_com

FOM Hochschule für Ökonomie & Management Essen

Standort Stuttgart

Berufsbegleitender Studiengang

Wirtschaftsinformatik – Bachelor of Science (B.Sc)

5. Semester

Thema:

KI und die Auswirkungen neuer Endgeräte auf unseren Alltag unter dem Aspekt des ubiquitären Computing

Autor: Springer, Julian

Abgabedatum: 28.02.2019

Inhaltsverzeichnis

Abkürzungsverzeichnis

GPS	Global Positioning System
IoT	Internet of Things
KI	Künstliche Intelligenz
RFID	Radio-frequency identification
UC	Ubiquitäres Computing

1 Einleitung

1.1 Problemstellung

Die weite Verbreitung von intelligenten Geräten und der einfache Zugriff auf das Internet verändert die Gesellschaft und das Leben. Diese Geräte integrieren sich in das Leben der Menschen. Ohne zu wissen, was wirklich in den Geräten steckt, werden sie tagtäglich bewusst, als auch unbewusst genutzt. Ganz egal, ob es ein Tablet, ein Smartphone, eine Smartwatch oder auch ein Smart TV ist. Es spielt auch keine Rolle an welchem Ort auf der Welt und zu welcher Zeit kommuniziert wird. All dies hat keine Bedeutung mehr im Zeitalter der künstlichen Intelligenz und des ubiquitären Computing. Durch die zunehmende Kapazität des Akkus werden Möglichkeiten der ständigen Erreichbarkeit geschaffen. Daher ist es schon heute alltäglich, dass physikalische Geräte mit Sensoren ausgestattet werden und untereinander kommunizieren.[1] Anhand von künstlicher Intelligenz und maschinellem Lernen werden aus Daten physikalischer Sensoren wertvolle Schlüsse gezogen. All diese intelligenten Geräte generieren eine Menge von personalisierten Daten über das Leben einer Person, da sie allgegenwärtig sind.[2] Aufgrund dieser neugewonnenen Daten stellt sich die Frage, welche neuen Anwendungsszenarien aus den Informationen abgeleitet werden können und welche Auswirkungen diese haben werden.

1.2 Zielsetzung und Vorgehensweise

Im Rahmen dieser wissenschaftlichen Arbeit sollen die Auswirkungen der künstlichen Intelligenz und des ubiquitären Computing hinsichtlich aktueller und auch künftiger Anwendungen erläutert werden. Außerdem soll die zuvor gestellte Forschungsfrage beantwortet werden. Insgesamt ist diese Arbeit in vier Hauptkapitel untergliedert. In Kapitel 2 erfolgt die Erklärung zu den Grundlagen der künstlichen Intelligenz und des ubiquitären Computing. In Folge dessen werden in Kapitel 3 auf aktuelle und künftige Anwendungsszenarien bzw. auf die Auswirkungen, die damit einhergehen, eingegangen. In Kapitel 4 erfolgen eine Zusammenfassung und ein Fazit. Zudem wird ein Ausblick in die Zukunft gegeben.

---

[1] Vgl. Khosrow-Pour, D.B.A.M. (2018), S. 1142ff.
[2] Vgl. Behmann, F., Wu, K. (2015), S. 22.

2 Grundlagen

2.1 Künstliche Intelligenz

Künstliche Intelligenz (KI) ist ein Teilgebiet der Informatik, die das Ziel hat, Systeme zu schaffen, die intelligentes Verhalten simulieren und damit eigenständig Probleme lösen können. Es gibt mehrere Definitionen von KI, welche alle ein wenig unterschiedlich sind. Der Kern der Aussagen stimmt jedoch überein. Es geht um die Schaffung von Computerprogrammen oder Maschinen, die sich so verhalten als hätten sie menschliche Intelligenz.[3] Eine fundamentale Fragestellung kommt im Bezug auf diese Aussage jedoch auf und zwar „Was ist Intelligenz und wie kann diese gemessen werden?". Ein erster Gedanke mag die Vorstellung von Robotern sein, welche sich wie menschliches Leben verhalten. Dies ist das Bild, welches von der Filmindustrie geprägt worden ist. Dabei geht es vielmehr darum, wie Computer Aufgaben erledigen können, bei denen Menschen aktuell noch besser sind. Die Stärke von Computern ist es, vorhersehbare Probleme in einer kurzen Zeit zu lösen. Andererseits ist es für sie nicht möglich, sich an unvorhergesehene Situationen anzupassen und ihr Verhalten basierend darauf zu verändern. Zudem ist der Lerneffekt eine Stärke des Menschen, welcher mit klassischer Programmierung einem Computer nicht beigebracht werden kann.[4]

Der Bereich der KI in der Informatik unterteilt sich wiederum in weitere Teilgebiete. Ein Teilgebiet davon ist z. B. das maschinelle Lernen. Bei diesem wird versucht der Ansatz des Lerneffektes, wie es der Mensch vorweist, auf die Maschine zu übertragen. Dafür muss der Lerneffekt des Menschen tiefer analysiert werden. Dabei spielen die Neurowissenschaften und speziell die Gedächtniswissenschaften eine zentrale Rolle.[5]

Ein weiteres Teilgebiet beschäftigt sich beispielsweise mit der Sprache. Damit ein Mensch durch Sprache kommunizieren kann, beherrscht dieser grundlegende Fähigkeiten, wie das Sprechen und das Zuhören. Das ist der Bereich der Spracherkennung, der zum großen Teil statistisch fundiert ist. Deshalb wird dies statistisches Lernen genannt.[6]

---

[3] Vgl. Kaplan, J. (2017), S. 1–2.
[4] Vgl. Ertel, W., Black, N. (2018), S. 1 ff.
[5] Vgl. Markoff, J. (2015), S. 8.
[6] Vgl. Markoff, J. (2015), S. 8f.

Ein weiteres Beispiel ist, dass Menschen den Text in einer Sprache schreiben und lesen können, da sie diesen mit den Augen sehen und verarbeiten können. Das ist das Feld der Computer Vision. Die Computer Vision fällt in den Bereich der symbolischen KI.[7]

Um in diesen Gebieten eine gute Qualität der KI herzustellen bedarf es einer großen Menge an Daten. Anhand dieser Daten kann dann ein intensives Training der KI erfolgen. Anschließend können dann Vorhersagen getroffen werden. Daher ist das Zeitalter des ubiquitären Computing auch der richtige Zeitpunkt, um großflächig KI zu trainieren und in Anwendungen zu implementieren.[8]

2.2 Ubiquitäres Computing

Unter ubiquitären Computing (UC) wird die Allgegenwärtigkeit von kleinsten Computern, die drahtlos miteinander vernetzt und in Alltagsgegenständen unsichtbar eingebettet sind, verstanden. Es soll der Unterstützung des Menschen im Alltag dienen, ohne dass sich der Mensch dessen Notwendigkeit bewusst ist. Der Computer soll somit aus der Wahrnehmung der Nutzer verschwinden. Zudem bezeichnet es die heutige, dritte Ära des modernen Informationszeitalters. Sie zeichnet sich durch die kleinen, tragbaren und intelligent vernetzenden Geräte wie z. B. Smartphones, Tablets oder auch Smartwatches aus.[9]

Die in diesen Geräten verbauten Sensoren schaffen es die Umwelt wahrzunehmen. Daraus folgend können Informationen, wie z. B. den aktuellen Aufenthalt des Nutzers oder auch welche Geräte oder andere Nutzer sich in der Nähe befinden, gewonnen werden. Anhand dieser Informationen werden dann Verhaltensmuster und Bedürfnisse abgeleitet und ggf. mit Ereignissen aus der Vergangenheit verglichen und kombiniert. Dies dient der Unterstützung des Menschen bei seinen täglichen Aufgaben.[10] Um das zu erreichen, kombiniert der Ansatz des ubiquitären Computing folgende bereits bestehende Basistechnologien, die in Tabelle 1 erklärt sind.

---

[7] Vgl. Gentsch, P. (2017), S. 31f.
[8] Vgl. Markoff, J. (2015), S. 9.
[9] Vgl. Krumm, J. (2018), S. 2 f.
[10] Vgl. Krumm, J. (2018), S. 31 ff.

Tabelle 1: Basistechnologien des ubiquitären Computing

Basistechnologie	Erklärung
Sensoren und Aktoren	Sie kommen in Form von Hardware zum Einsatz. Sensoren erfassen dabei alles Messbare. Aktoren setzen die elektrischen Signale in mechanische Bewegungen um.
Auto-ID Systeme	Es sind Systeme, welche auf den Technologien NFC oder RFC basieren. Sie können Objekte, die mit einem Tag versehen worden sind, ohne Sichtkontakt identifizieren und deren Position relativ bestimmen.
Positionierungssysteme	Darunter werden Systeme wie z. B. das Global Positioning System (GPS) oder auch das Global System for Mobile Communication (GSM) verstanden, die dabei helfen den aktuellen Ort zu bestimmen.
Drahtlose Kommunikation	WLAN, Bluetooth oder Mobilfunkverfahren ermöglichen die Kommunikation untereinander oder auch zwischen der Umwelt anhand von Sensoren.

Quelle: Eigene Darstellung

Das sind die grundlegenden Basistechnologien, die Voraussetzung für das UC sind.[11]

3 Anwendungsbeispiele und Auswirkungen

Das UC wird bereits für aktuelle Anwendungsszenarien verwendet und wird auch für künftige Anwendungen Voraussetzung sein. In diesem Kapitel werden die Auswirkungen, die damit einhergehen, erläutert.

3.1 Aktuelle Anwendungen

Eine große Chance für das ubiquitäre Computing stellt das Internet of Things (IoT) dar. Das Konzept von IoT wirkt sehr attraktiv und sorgt infolgedessen für eine große Auf-

---

[11] Vgl. Pipek, V. (o. J.)

merksamkeit. Dadurch bringt es vielversprechende Möglichkeiten und Herausforderungen mit sich. Die Vision von IoT ist es, alle Dinge auf der Welt zu vernetzen, indem Technologien wie z. B. radio-frequency identification (RFID), Sensoren und intelligente Algorithmen verwendet werden. Mit der Bezeichnung „Dinge" sind hier sowohl physikalische- als auch virtuelle Gegenstände gemeint.[12]

3.1.1 Smartwatch

Ein Beispiel hierfür ist die Smartwatch. Denn sie ist keine gewöhnliche Uhr, die nur die Uhrzeit anzeigt, sondern hat weitaus mehr Funktionalitäten. Die Smartwatch ist prinzipiell eine Uhr, welche sich zu verschiedenen anderen intelligenten Geräten verbinden kann. Gewöhnlich ist sie mit einer breiten Palette von Sensoren ausgestattet. Von Beschleunigungssensoren über GPS bis hin zu Temperatursensoren und vielen mehr. All diese Sensoren produzieren eine Menge Daten, welche bei Korrelation weitere Vorteile als Ergebnis haben. Von diesen anonymisierten Daten kann z. B. der Gesundheitssektor profitieren, da das Verhalten der Menschen und deren Gewohnheiten analysiert werden können. Dadurch werden neue Produkte entstehen, die es zum Ziel haben dem Kunden einen komfortableren und gesünderen Lebensstil zu ermöglichen. Dadurch können beide Parteien Vorteile ziehen. Schon heute kann die Smartwatch die Anzahl der zurückgelegten Schritte und verbrannten Kalorien anzeigen. Durch die vielfältigen Sensoren und deren Daten ist es möglich noch weitere Schlüsse zu ziehen. Eine abstrakte Vorstellung besteht bereits, jedoch kann so ein Schluss auf jedes Individuum eine unterschiedliche Auswirkung haben. Es muss daher ein besseres Verständnis und generische Muster entwickelt werden, welche sich dann durch maschinelles Lernen besser auf jede einzelne Person adaptieren lassen.[13]

3.1.2 Smart TV

Ein Smart TV ist ein Fernseher mit folgender Ausstattung und Möglichkeiten:

- Konnektivität ins Heimnetzwerk und Internet.
- Eine Recheneinheit, die sich als Gehirn auszeichnet, da sie alle Kommandos entgegennimmt und weiterverarbeitet.

---

[12] Vgl. Ning, H. (2016), S. 1–9.
[13] Vgl. Moolayil, J. (2016), S. 357f.

- Ein Betriebssystem, welches die Schnittstelle zwischen der Recheneinheit und der Applikationen bereitstellt.
- Applikationen, die eine Vielzahl von Web basierten Dienstleitungen anbieten wie z. B. Videostreaming, Musikstreaming, soziale Plattformen oder auch Spiele.
- Durch Kamera und Mikrofon ist es dem Benutzer möglich, anhand von Gestensteuerung und Sprachbefehlen, mit dem TV zu interagieren.

Durch die oben genannten Ausstattungsmerkmale in Kombination mit Cloud basiertem Speicher ist es möglich alle online verfügbaren Informationen und Daten abzurufen.[14] Die Fernseher werden durch das Sammeln von Daten über die geschauten Sendungen bzw. Filme mit der Zeit intelligenter. Damit ist gemeint, dass nach dem Ansehen einer Liebeskomödie, der nächste Filmvorschlag mit hoher Wahrscheinlichkeit auf diesem Genre beruht. Da es oft mehrere Personen im Haushalt gibt, welche auch den Fernseher benutzt unterscheidet der Smart TV zudem, welcher Benutzer gerade schaut. Anhand dieser Informationen werden Annahmen über das zukünftige Konsumverhalten jedes einzelnen Benutzers getroffen. Die Grenze ist jedoch nicht nur auf das lokale Umfeld beschränkt, sondern durch die Internetverbindung und die Kopplung der sozialen Medien, kann auch herausgefunden werden was Freunde gerade anschauen. All diese Daten werden miteinander korreliert und mittels KI ausgewertet. Der TV lernt dadurch stetig hinzu und gibt individuelle Empfehlungen z. B. über zukünftige Filme und Serien. Diese werden aufbereitet und können beim Anmelden am Fernseher als Startseite angezeigt werden. Damit kann dem Benutzer das ständige Suchen und Denken abgenommen werden.[15]

3.2 Künftige Anwendungen

Unter künftigen Anwendungen wird die Weiterentwicklung der bereits genannten Geräte und die Entwicklung neuer Anwendungen verstanden, die durch UC und KI maßgeblich beeinflusst werden.

---

[14] Vgl. Miller, M. (2015), S. 44ff.
[15] Vgl. Miller, M. (2015), S. 57.

3.2.1 Smartwatch 2.0

Anschließend an das Beispiel Smartwatch in Abschnitt 3.1.1, da dieses Potenzial noch längst nicht ausgeschöpft ist, könnte die Smartwatch 2.0 ein Nachfolger sein. Zum Einsatz können weitere Sensoren kommen, denen es möglich ist, die Herzfrequenz sowie Körpertemperatur zu bestimmen. Des Weiteren kann die individuelle Bestimmung von Verhaltensmustern in Bezug auf die Eigenschaften essen, trinken, arbeiten und schlafen ermittelt werden. Anhand dieser Muster kann KI Berechnungen durchführen, welche Echtzeit Empfehlungen für beispielsweise das beste Ess- und Trinkverhalten geben, um das Energielevel des Körpers zu verbessern und fit zu bleiben.[16]

Zusätzlich könnte das Stresslevel durch Bewegungsmuster, Schweiß und Atmungsintensität bestimmt werden. Die vertraulichen Daten könnten dann, dem jeweilig vom Anwender spezifizierten Arzt, übermittelt werden. Dieser Arzt hat dann den Überblick über die medizinische Historie und den derzeitigen Lebensstil des Anwenders. Infolgedessen kann dann ein präziser Medikationsplan erstellt werden. Darüber hinaus können Handlungsempfehlungen, die maßgeschneidert auf eine bestehende Krankheit und die persönlichen Umstände ausgelegt sind, angeboten werden.[17]

In der nächsten Stufe der Weiterentwicklung könnte die Smartwatch Vorhersagen über die Chance an einer bestimmten Krankheit zu erkranken treffen. Somit kann die Möglichkeit an einer Krankheit zu leiden durch präventive Maßnahmen minimiert werden. Bei kritischen medizinischen Notfällen wie z. B. einem Herzinfarkt könnten der Notdienst, umstehende Passanten und Verwandte direkt aufmerksam bzw. benachrichtigt werden. Ein weiterer Aspekt ist die medizinische Forschung. Durch diese Daten entstehen neue Muster, die zu einem besseren Verständnis der Funktionsweise des Körpers und Entstehung von Krankheiten beitragen. Derartige Erkenntnisse können die Medizin und das Leben in ein nächstes Level anheben.[18]

3.2.2 Smart TV 2.0

In Anknüpfung an das Beispiel aus Abschnitt 3.1.2 Smart TV wird hier die Betrachtung auf die Zukunft des Smart TVs gelegt. Künftige Smart TVs werden nicht nur die bereits

---

[16] Vgl. Moolayil, J. (2016), S. 360f.
[17] Vgl. Morabito, V. (2016), S. 29f.
[18] Vgl. Moolayil, J. (2016), S. 362f.

bestehenden Funktionalitäten mitliefern, sondern weit aus mehr. Die existente Konnektivität ins Internet bietet z. B. die Möglichkeit während eines Films Informationen zu Regisseur, Schauspieler und weiteren ähnlichen Filmen anzuzeigen. Bei einem Fußballspiel können beispielsweise Statistiken zu Spielern und den Teams eingeblendet werden. Speziell bei Fernsehsendungen, wie z. B. Quizshows, wäre eine Option die Zuschauer besser einzubinden, indem sie aufgefordert werden mitzumachen. Dies kann durch interaktive Chats realisiert werden. Eine weitere Möglichkeit wäre z. B. soziale Plattformen zu integrieren, auf denen Nachrichten zur Fernsehsendung veröffentlicht werden können. Der Fokus liegt aber nicht nur auf Textnachrichten, sondern viel mehr auf Video Chats, die über die integrierten Kameras aufgenommen werden können.

Der nächste Schritt der Weiterentwicklung wird den Smart TVs in einen zentralen Ansprechpartner und Steuerungspunkt für Smart Home Geräte verwandeln. Der große Bildschirm und die durchschnittliche tägliche Nutzungszeit machen ihn zum Auserkorenen. Die Übertragung von der Sicherheitskamera vor der Eingangstür zum Fernseher, um zu sehen, wer gerade vor der Tür steht und klingelt, wäre nur einer vieler Anwendungsfälle. Ein weiteres Beispiel ist die verbleibende Zeit der Waschmaschine und die zusätzliche Benachrichtigung, wenn sie fertig sein sollte. Eine Erweiterung des genannten Falls, ist es die Kameraaufnahmen mit KI und maschinellen Lernen zu analysieren und daraus bekannte Gesichter, denen es gestattet ist, sich in der Wohnung aufzuhalten, zu erkennen. Diese zusätzliche Intelligenz kann dann genutzt werden, um die Tür automatisch bei Erkennung der bekannten Person zu öffnen oder bei unbekannten Personen einen Alarm auf dem TV zu generieren. Weitere Anwendungsfälle wären z. B. automatische Heizungssteuerung durch integrierte Wärmebild- und Temperatursensoren, Anzeige einer Standortkarte mit der aktuellen Position von Familienmitgliedern, die besetzten Zimmer in Korrelation zu den Lichtern die angeschaltet sind oder eine Benachrichtigung des Kühlschranks mit der Nachricht, dass noch ein kaltes Bier bereitsteht, um verzehrt zu werden.[19]

3.2.3 Smart Clothing

Ein weiteres Beispiel ist Smart Clothing oder auch intelligente Kleidung genannt. Damit ist Kleidung gemeint in die Sensoren eingewebt oder gedruckt werden. Diese Sensoren

---

[19] Vgl. Miller, M. (2015), S. 58ff.

können dann Daten zum Gesundheitszustand und der Auslastung bereitstellen. Die Daten können anschließend vom Arzt für eine bessere medikamentöse Therapie bzw. zur Überwachung des Gesundheitszustandes genutzt werden. Athleten und deren Trainer werden auch von solchen Daten profitieren, indem sie Trainingspläne auf die Person anpassen können und die Leistung im Überblick behalten. Auch für das Marketing ist die Überwachung der physiologischen Reaktion auf Werbung, Marken und Preisänderungen interessant, da dadurch indirekt Feedback der Benutzer gewonnen wird.[20] Die Technologie ist aber erst in den Anfängen. Applikationsszenarien, die ohne viel Bewegung und in einer stabilen Position zum Einsatz kommen, können gut realisiert werden. Falls jedoch Bewegung ins Spiel kommt dann wird es herausfordernd, da schließlich Beugungen von Ellenbogen, Armen und Beinen den Hautkontakt der Sensoren beeinflussen.[21]

3.3 Auswirkungen

Die dritte Ära des Informationszeitalters bietet eine Vielzahl an Möglichkeiten und erleichtert bzw. verbessert den Menschen schon heute und auch zukünftig das Leben. Nichtsdestotrotz hat es auch Auswirkungen, die sich jeder bewusst sein sollte. Die Auswirkungen werden im Folgenden thematisiert.

3.3.1 Privatsphäre

Die Auswirkungen des UCs und der KI mögen auf den ersten Blick nicht ersichtlich sein. Bei genauer Betrachtung enthüllen sich jedoch drei relevante Aspekte in Bezug auf die Privatsphäre.

Einer der Aspekte ist die automatische Identifikation von Personen ohne deren Wissen darüber. Dies ermöglichen Sensoren, die in allen möglichen intelligenten Geräten in der näheren Umgebung verbaut sind. Durch, zum Beispiel, das Sammeln unterschiedlicher Daten von verschiedenen Sensoren und die anschließende Korrelation. Eine Technologie, mit der es möglich ist, eine automatische Identifizierung durchzuführen ist RFID. Inzwischen gibt es auch weitaus neuere Technologien wie die Personifizierung eines Gerätes oder die Gesichtserkennung.

---

[20] Vgl. Behmann, F., Wu, K. (2015), S. 28f.
[21] Vgl. Schneegass, S., Amft, O. (2017), S. 43

Ein weiterer Aspekt ist die Lokalisierung des derzeitigen Aufenthaltsortes einer Person. Es ist damit nicht nur eine Momentaufnahme des aktuellen Standorts, sondern auch die Echtzeit-Lokalisierung gemeint. Diese stellen eine wertvolle Information für Hersteller von intelligenten Geräten dar, da anhand dieser Daten, sowohl auf Aktivitäten des Nutzers zurückgeschlossen werden kann, als auch Persönlichkeitsprofile erstellt werden können. Zudem kann eine logische Schlussfolgerung auf Kontakte der Person abgeleitet werden.

Der dritte und letzte Aspekt behandelt die Transparenz und die Verantwortung der Personen und Geräte. Intelligente Systeme nutzen Algorithmen, die auf KI basieren, die selbständig beurteilen und entscheiden, welche Kriterien relevant sind und den jeweiligen Personen präsentiert werden. Auf dieser intransparenten Basis werden Entscheidungen getroffen, ohne dass diese für einen Menschen vollständig nachvollziehbar sind. Klar ist, der Mensch macht sich selbst, durch Nutzung von intelligenten Endgeräten, gläsern.[22]

3.3.2 Datenschutz

Auf den Bezug des Datenschutzes heißt das also, dass diese Geräte zwar klein sind, aber dennoch werden eine nicht zu unterschätzende Menge an personalisierten Daten generiert und an die Plattformen der Hersteller oder auch Drittanbieter übertragen. Diese Informationen können unter anderem auch von Werbetreibenden genutzt werden, denn die Frage wem die Daten gehören, die generiert worden sind, bleibt nicht vollständig beantwortet.[23] Einige Geräte wie beispielsweise das Smartphone, intelligente Lautsprecher und auch Spielzeuge, werden durch KI und Sensortechnologie auf personalisiertes Gesprächsverhalten trainiert. Dies bedeutet schon heute eine völlige Offenbarung und Niederlegung des Rechts der Privatsphäre jedes einzelnen Menschen. Die Entwicklung des UC verschärft das Problem des Datenschutzes erheblich. Durch wissentliche Überwachung der eigenen Wohnung schwindet die Meinungsfreiheit eines jeden Individuum. Im Generellen gibt es eine Angst vor der Zukunft, die mit dem möglichen Kontrollverlust der eigenen Lebensführung zusammenhängt.[24]

---

[22] Vgl. Kinder-Kurlanda, K., Ehrwein Nihan, C. (2015), S. 50–54.
[23] Vgl. Morabito, V. (2016), S. 35ff.
[24] Vgl. Breyer-Mayländer, T. (2018), S. 70.

3.3.3 Selbstbestimmtheit

Durch die steigende Autonomie neuer Endgeräte nimmt das Aufeinanderwirken von humaner- und technischer Autonomie zu. Denn durch das Einhergehen von menschlichen Bedürfnissen, wie mehr Komfort oder Arbeitsentlastung und der technischen Entwicklung in Richtung Selbstständigkeit von vernetzten Systemen, kommt es zu einem schleichenden Verlust der menschlichen Selbstbestimmtheit. Diese Bedürfnisse werden durch immer weitere sensorgestützte und intelligent mit einander vernetzten Endgeräten, wie z. B. Smartphones, Smarthome, Uhren, Spielzeuge, Datenbrillen, Fernseher oder auch dem IoT, befriedigt. Einerseits mag daher nicht jeder solche Systeme benutzen andererseits wiederum gibt es gute Gründe darauf zurückzugreifen. Aus Bequemlichkeit ist es gern gesehen, wenn das intelligente Navigationssystem im Auto die Fremdführung übernimmt. Inwieweit dann Fremdführungen nicht mehr als kritisch betrachtet werden, sondern als etwaige Erleichterung im Alltag, wird sich erst zeigen, wenn die heutige Generation selbst in die altersbedingt schwindende Selbstständigkeit kommt.[25]

3.3.4 Sicherheit

Der Trend dieser Technologien steigt, da sie unser Leben vereinfachen und komfortabler machen sollen. Die Systeme sammeln Unmengen an Daten über unser tägliches Leben. Dies führt auch zu Bedenken hinsichtlich Sicherheit und Datenschutz. Um diese Bedenken auszumerzen werden Vertrauensmodelle eingeführt, welche die Geräte sicherer machen. Es gibt weitere Nachteile wie langsame Kommunikation, teure und limitierte Bandbreite. All dies führt zu einem Sicherheitsrisiko für den Einsatz von ubiquitären Systemen aufgrund der Schwachstellen und Schäden, die dadurch entstehen können.[26] Vor allem können solche Systeme im privaten Haushalt, welche nicht wie gewöhnlich durch große Unternehmensnetze, die etablierte Sicherheitsmaßnahmen zum Schutz Ihrer Produkte haben, zum Einsatz kommen. In Folge dessen fokussieren sich Sicherheitsexperten und Kryptografieexperten auf dieses Segment. Zum Schutz wurden speziell für diesen An-

---

[25] Vgl. Breyer-Mayländer, T. (2018), S. 69f.
[26] Vgl. Hung, P.C.K. (2016), S. 4f.

wendungsfall kryprografische Algorithmen und effiziente Implementierungen von Sicherheitsprotokollen entwickelt. Dadurch können die Systeme untereinander, aber auch in die Cloud sicher kommunizieren.[27]

3.3.5 Die Krise

Der Fortschritt der künstlichen Intelligenz und die zunehmende Anzahl an vernetzte Endgeräte, die immer intelligenter werden und dadurch immer mehr Aufgaben übernehmen können, kostet Jobs. Einige Berufe wie z. B. Buchhalter, Maschinenarbeiter, Börsenanalysten oder auch Lastkraftwagenfahrer werden in der Zukunft nicht mehr von Menschen ausgeführt werden. Schon in der Vergangenheit gab es Technologien, die dafür gesorgt haben, dass Berufe ausgestorben sind bzw. durch Maschinen ersetzt wurden. Keiner dieser Änderungen schritt jedoch so schnell voran, wie es bei künstlicher Intelligenz der Fall ist. Schon heute gibt es Dienstleistungsunternehmen zur Personenbeförderung, die nur noch auf die Fahrer angewiesen sind, weil der Prozess zur Kommunikation bereits vollautomatisiert ist. In Zukunft könnten diese Unternehmen durch das autonome Fahren profitieren und müssten keine menschlichen Fahrer mehr einstellen, sondern könnten den ganzen Profit für sich einkassieren. Wenn das Rad erst einmal ins Rollen gekommen ist, dann kann es so schnell nicht mehr aufgehalten werden, da die Produkte durch das Lernen von neuen Daten immer weiter verbessert werden. Dadurch entstandene Produkte generieren mehr Aufmerksamkeit und eine höhere Reichweite, die wiederum durch die neu gewonnenen Nutzer, mehr Daten generieren. Mithilfe dieser Daten kann durch maschinelles Lernen das Produkt weiter verbessert werden. So führt es schlussendlich zu einem immer schneller werdenden Lernprozess.

Der Faktor Mensch verliert dann zunehmend an Bedeutung. Das kann psychologische Folgen haben. Da der Mensch seinen Tag viele Jahrzehnte lang durch Arbeit gestaltet hat, um als Austausch dafür Geld zu bekommen und sich Nahrung zu kaufen. Daher sollte ein kritischer Blick auf die Entwicklung gelegt werden und stets die künstliche Intelligenz in Grenzen gehalten werden, um solch eine Krise zu verhindern.[28]

---

[27] Vgl. Hung, P.C.K. (2016), S. 5.
[28] Vgl. Lee, K. (2018), S. 19ff.

4 Abschluss

4.1 Zusammenfassung und Fazit

Die am Anfang gestellte Forschungsfrage, welche Anwendungsszenarien aus den Informationen abgeleitet werden können und welche Auswirkungen das auf die Menschheit haben wird, kann mit Folgendem beantwortet werden.

In der neuen und dritten Ära des Informationszeitalters ist KI und UC nicht mehr wegzudenken. Der Benefit, der bereits durch aktuelle Anwendungen, wie die Smartwatch und Smart TV, gewonnen wird, ist für jeden einzelnen bereichernd. Durch die Personalisierung der Gegenstände auf ein Individuum und die daraus resultierenden Hinweise, kann z. B. ein gesünderes, unterhaltsameres und sicheres Leben angestrebt werden. Jeder hat einen allzeit umgebenen persönlichen Assistenten, der als Hinweisgeber dient. Ferner werden künftige Weiterentwicklungen der genannten Anwendungen und Neuentwicklungen wie z. B. das Smart Clothing dieses Bedürfnis der Geborgenheit verstärken. Die Auswirkungen der KI und neuer Endgeräte im Alltag unter der Betrachtungsweise von UC sind vielfältig. Zum einen werden zahlreiche Bedürfnisse stimuliert und neue Bedürfnisse erweckt. Zum anderen darf die Betrachtung der Privatsphäre, des Datenschutzes, der Selbstbestimmtheit und der Sicherheit nicht vernachlässigt werden. Es ist ein zweischneidiges Schwert, bei dem ein Kompromiss zwischen dem Bedürfnis nach einem besseren Leben und der Transparenz der eigenen Person gefunden werden muss.

4.2 Ausblick

UC stellt eine Vision der zukünftigen Informationsgesellschaft dar, in der der menschliche Alltag von künstlicher Intelligenz umgeben sein wird. Der Mensch wird von modernen Sensoren, intelligenten Schnittstellen, intelligenter Software sowie drahtloser Netzwerktechnologie umgeben und begleitet. Diese werden überall und unsichtbar in die menschliche Natur eingebettet sein. Sie werden praktisch in allen möglichen Arten von Alltagsgegenständen vorhanden sein, um diese andauernd ein Stück intelligenter zu machen. Die durch rechnergestützte erweiterte Alltagsumgebung ist sich der Präsenz und des Kontextes der Menschen bewusst und passt sich ihren Bedürfnissen und Wünschen an, reagiert darauf und ist vorausschauend. Dadurch wird das tägliche Leben intelligent unterstützt, indem unbegrenzte Dienste auf neue, intuitive Weise und in einer Vielzahl von Umgebungen angeboten werden. Mit anderen Worten, intelligente Alltagsgegenstände können untereinander interagieren und mit den Objekten anderer Menschen kommunizieren. Es ist dadurch möglich, die eigene Umgebung zu erkunden oder beispielsweise auf Ereignisse zu reagieren. Somit können tägliche Aufgaben intuitiv erledigt werden.[29] Die Harmonisierung. Koordination und Koexistenz von physikalischer-, virtueller- und der sozialen Welt ist hierfür der Grundstein. Anhand laufender Forschungsarbeiten über die Arbeitsweise des menschlichen Gehirns und durch Schnittstellen von Mensch-Maschine wird ein großer Sprung in Richtung intelligentere Maschinen gemacht. Wird zum Beispiel der Bereich der Sicherheit betrachtet, kann durch intelligente Überwachung und sofortigem Eingreifen ein Angriff verhindert werden. Die Zukunft des UC ist noch nicht an seine Grenzen gestoßen. Einerseits wird mehr und mehr Intelligenz in die Gegenstände gebracht. Andererseits wird auch die Kommunikation zwischen Menschen und Dingen revolutioniert, die einen Einfluss auf das tägliche Leben haben werden. Es wird eine neue Welt entstehen, in der Menschen und intelligente Dinge koexistieren und Prozesse hauptsächlich automatisiert abgewickelt werden.[30]

---

[29] Vgl. Bibri, S. (2015), S. 27–32.
[30] Vgl. Ning, H. (2016), S. 8f.

Literatur- und Internetverzeichnis

Behmann, F., Wu, K. (2015): Collaborative Internet of Things (C-IoT), Hoboken, New Jersey: Wiley, 2015.

Bibri, S. (2015). A New Computing Paradigm and a Vision of a Next Wave in ICT. Bibri, S.: Ambient Intelligence. Paris, S. 23–66.

Breyer-Mayländer, T. (2018): Das Streben nach Autonomie, Baden-Baden: Nomos Verlag, 2018.

Ertel, W., Black, N. (2018): Introduction to Artificial Intelligence, Basel: Springer International Publishing, 2018.

Gentsch, P. (2017): Künstliche Intelligenz für Sales, Marketing und Service, Wiesbaden: Springer Fachmedien, 2017.

Hung, P.C.K. (2016): Big Data Applications and Use Cases, Basel: Springer International Publishing, 2016.

Kaplan, J. (2017): Künstliche Intelligenz, Frechen: mitp-Verlag, 2017.

Khosrow-Pour, D.B.A.M. (2018): Advanced Methodologies and Technologies in Artificial Intelligence, Computer Simulation, and Human-Computer Interaction, Hershey, Pennsylvania, USA: IGI Global, 2018.

Kinder-Kurlanda, K., Ehrwein Nihan, C. (2015): Ubiquitous computing in the workplace, Cham.

Krumm, J. (2018): Ubiquitous Computing Fundamentals, Boca Raton, Florida: CRC Press, 2018.

Lee, K. (2018): AI Superpowers, Boston: HOUGHTON MIFFLIN, 2018.

Markoff, J. (2015): Machines of Loving Grace, New York: Harper Collins, 2015.

Miller, M. (2015): The Internet of Things, London: Pearson Education, 2015.

Moolayil, J. (2016): Smarter Decisions – The Intersection of Internet of Things and Decision Science, Birmingham: Packt Publishing, 2016.

Morabito, V. (2016): The Future of Digital Business Innovation, Basel: Springer International Publishing, 2016.

Ning, H. (2016): Unit and Ubiquitous Internet of Things, Boca Raton, Florida: CRC Press, 2016.

Pipek, V. (o. J.): Ubiquitous Computing. URL: http://www.enzyklopaedie-der-wirtschaftsinformatik.de/lexikon/technologien-methoden/Rechnernetz/Ubiquitous-Computing/index.html, Abruf am 25.11.2018.

Schneegass, S., Amft, O. (2017): Smart Textiles, Basel: Springer International Publishing, 2017.